# CATALOGUE

D'UNE TRÈS BELLE COLLECTION

DE

# DESSINS

## TABLEAUX

## ET ESTAMPES

DE L'ÉCOLE FRANÇAISE DU XVIII$^{e}$ SIÈCLE

Formant la Collection de M. B...

DONT LA VENTE AURA LIEU

## HOTEL DROUOT, SALLE N° 5

**Le Lundi 2 Décembre 1889, à 2 heures 1/2**

COMMISSAIRE-PRISEUR
M$^{e}$ PAUL CHEVALLIER
10, rue Grange-Batelière.

EXPERT
M. JULES BOUILLON
Marchand d'Estampes de la Bibliothèque Nationale
3, rue des Saints-Pères.

*Chez lesquels se trouve le présent Catalogue.*

Exposition Publique, le Dimanche 1$^{er}$ Décembre 1889,

De une heure à cinq heures.

# CONDITIONS DE LA VENTE

Elle sera faite au comptant.

Les adjudicataires payeront *cinq pour cent* en sus des enchères.

---

# ORDRE DES VACATIONS

| | |
|---|---|
| Estampes. . . . . . . . . . . . . . . . . . . . | Nos 72 à 92 |
| Dessins. . . . . . . . . . . . . . . . . . . . | 9 à 71 |
| Tableaux et Pastel. . . . . . . . . . . . . . | 1 à 8 |

# DÉSIGNATION

---

## TABLEAUX ET PASTEL

### HUBERT-ROBERT

1 — *Intérieur.*

Jeune mère, assise devant une grande cheminée, donne la bouillie à son enfant debout devant elle.

*Intérieur de chaumière.*

Au milieu, une jeune femme assise couvre avec une draperie le berceau de son enfant.

Deux pendants, de forme ovale.

Bois. Haut., 19 cent.; larg., 23 cent.

Cadres en bois sculpté, avec frontons.

## LAVREINCE

(NICOLAS)

2 — *Le Déjeuner en tête à tête.*

*L'ouvrière en dentelle.*

Deux compositions faisant pendants, très connues par les gravures, cataloguées ici sous le numéro 86.

Ces deux tableaux ont figuré à la vente Le Brun faite le 31 mai 1790 sous le numéro 203.

Bois. Haut., 27 cent.; larg., 19 cent.

## LAWRENCE

(Sir THOMAS)

3 — *Portrait.*

Jeune femme en buste, regardant de face et dirigée à droite, voile noir sur la tête au-dessus d'un bonnet blanc garni d'un ruban rouge, de forme ovale.

Haut., 44 cent.; larg., 36 cent.

## FRAGONARD

(HONORÉ)

4 — *La Fontaine d'amour.*

Esquisse.

Toile. Haut., 45 cent.; larg., 36 cent.

## NATTIER

(JEAN-MARC)

5 — *M^lle Nattier, fille aînée du peintre.*

Elle est représentée en buste, vue de face, coiffure basse avec ruban; les épaules nues, le corsage garni d'étoffes flottantes bleues et blanches.

Pastel.

Très beau cadre en bois sculpté.

M^lle Nattier, dont nous indiquons ci-dessus le portrait, fut mariée à M. Brochier, vice-consul de France à Lisbonne, chevalier de l'ordre de Saint-Michel, mort à Corbeil en 1817, à l'âge de 96 ans. Ce magnifique pastel est resté dans la famille jusqu'en 1887, époque où il est entré dans cette collection.

Haut., 54 cent.; larg., 44 cent.

## TIEPOLO

6 — *Apollon et les Arts.*

Esquisse pour un plafond

Toile. Haut., 47 cent.; larg., 53 cent.

## TOURNIÈRES

(ROBERT)

7 — *Portrait d'une jeune femme.*

A mi-corps, vue de face et dirigée à droite; corsage rouge décolleté, orné de très riches broderies d'or; coiffure relevée et poudrée garnie de fleurs.

Haut., 71 cent.; larg., 55 cent.

Très beau cadre en bois sculpté.

## ANONYME

8 — *Portrait d'homme.*

En buste, dirigé à gauche, front très découvert et cheveux gris sur les côtés de la tête ; habit brun avec col de chemise ouvert.

Bois.

Haut., 9 cent. 1/2; larg., 8 cent.

Cadre en bois sculpté.

---

# DESSINS ET GOUACHES

## BAUDOUIN

(PIERRE-ANTOINE)

9. — *Le Jardinier galant.*

Dans la cour d'une ferme, près d'un puits enguirlandé de pampres, une jeune paysanne, assise de trois quarts à gauche sur un banc de bois, abandonne ses deux mains à un paysan qui, assis par terre à ses pieds, passe un bras autour du cou de la jeune fille et appuie sa joue contre la sienne. A gauche, sur un escalier, une autre jeune fille considérant cette scène avec un sentiment de jalousie.

A la gouache, signée : A.-P. Baudoin', 1768; a été gravée par Helman en 1778. Provient de la collection de M. Alexandre Delaherche, de Beauvais.

Dans le catalogue de l'œuvre de Pierre-Antoine Baudouin, par M. Emmanuel Bocher, p. 27, n° 25, on lit : *La Gouache originale d'après laquelle cette gravure a été faite se trouve actuellement à Beauvais, dans la collection de M. Alexandre de Laherche. Elle est signée A.-P. Baudouin, 1768, et provient de la collection du marquis de Bonnières. Elle faisait partie du cabinet de M. Brun-Neergaard, dispersé le 24 août 1814.*

Haut., 30 cent.; larg., 22 cent. 1/2

## BERNARD-PICART

10 — *Le Christ conduit hors du Prétoire.*

Au lavis d'encre de Chine, pour la Bible parue à Amsterdam en 1720. Signé : *B. Picart f.*, 1714.

Haut., 32 cent.; larg., 21 cent.

## BOILLY

(LOUIS)

11 — *Le Tondeur de chiens.*

Composition de trois figures.

Au crayon noir, rehaussé de blanc, sur papier teinté. Signé.

Haut., 30 cent.; larg., 38 cent.

## BOILLY

(LOUIS)

12 — *Les Marionnettes.*

Composition de quatre figures.

Au lavis de bistre.

Haut., 14 cent.; larg, 19 cent.

Cadre en bois sculpté.

## BOREL

(ANTOINE)

13 — *Fête de campagne.*

Au premier plan, à droite, militaires à table avec des jeunes femmes ; dans le fond, des baraques avec charlatans faisant la parade et jeux divers. A gauche, une rivière avec bateaux, d'où débarquent des promeneurs arrivant à la fête.

A la plume et lavis d'aquarelle. Signé et daté 1785.

Haut., 28 cent.; larg, 40 cent.

Cadre en bois sculpté.

## BOREL

(ANTOINE)

14 — *Vous avez la clef... mais il a trouvé la serrure.*

Aquarelle et gouache. A été gravé par Anselin.

Haut., 16 cent.; larg., 21 cent.

Très beau cadre en bois sculpté, avec fronton.

## BOUCHER

(FRANÇOIS)

15 — *Jeune fille couchée jouant avec des colombes.*

Aux crayons de couleur et au pastel, sur papier bleu.

Délicieux dessin du maître, aux colorations argentines et délicates. Il a dû être exécuté pour l'amateur de dessins *Varanchon*, qui a mis sa signature au dos et dont la vente eut lieu en 1777.

Haut., 29 cent.; larg., 44 cent.

Cadre en bois sculpté, avec fronton.

## BOUCHER

(FRANÇOIS)

16 — *Vénus et l'Amour.*

La Déesse est représentée debout, vue de face, avec draperie sur son dos; l'Amour est à sa droite.

Aux crayons de couleurs, encadré du temps. Au dos du carton est écrit : Dessin donné (à M. Denis ) par M. Boucher, peintre de l'Academie royal, en avril 1752. A été gravé.

Haut., 37 cent.; larg., 21 cent.

## BOUCHER

(FRANÇOIS)

17 — *Femme nue, debout.*

Vue de dos et tenant dans ses mains une grande draperie.

Au crayon noir, rehaussé de blanc. Signé et daté 1762. Monture signée de Glomy. A été gravé par Bonnet.

Haut., 35 cent. ; larg., 20 cent.

Cadre en bois sculpté.

## BOUCHER

(FRANÇOIS)

18 — *Le Repos.*

Dans le fond, un jeune homme surprend une jeune femme assise sur une chaise, son enfant appuyé sur ses genoux, dormant. Composition de trois figures.

Aux crayons de couleurs. Signé.

Haut., 29 cent.; larg., 22 cent.

Cadre en bois sculpté, avec fronton.

## BOUCHER

(FRANÇOIS)

19 — *Fête de campagne.*

Au milieu, un charlatan et sa femme, montés sur une estrade, vendent des chansons ; des groupes de jeunes gens et d'enfants les entourent. A gauche, d'autres jeunes gens dansent au son de la musique, dont jouent deux mendiants assis par terre.

Au crayon noir rehaussé de blanc. A été gravé.

Haut., 26 m.; larg., 45 cent.

Cadre en bois sculpté.

# BOUCHER

(FRANÇOIS)

20 — *Bohémienne avec son enfant.*

Debout, dans un paysage, vue de dos, tenant son enfant de la main droite.

A la sanguine.

Haut., 20 cent.; larg., 15 cent.

*Le Repos de la bohémienne.*

Elle est assise par terre, tournée à gauche, tenant un enfant dans ses bras et une écuelle de la main droite. Dans le fond, un petit enfant debout.

Sanguine et crayon noir.

Haut., 20 cent.; larg., 13 cent.

Cadres en bois sculpté.

## CARÊME

(PHILIPPE)

21 — *La Porte de l'auberge.*

A droite, la jeune aubergiste assise est caressée par un buveur; plusieurs jeunes gens les contemplent.

A la plume et lavis d'aquarelle. Signé. A été gravé.

Haut., 15 cent.; larg., 21 cent.

## CHALLE

(M. A.)

22 — *Le Rêve.*

Jeune femme nue étendue sur un lit, tenant un oreiller dans ses bras.

Superbe gouache de forme ovale. A été gravé.

Haut., 28 cent.; larg., 35 cent.

## CHARLIER

(JACQUES)

23 — *Le Fleuve Scamandre.*

Composition tirée du conte de La Fontaine.

Superbe gouache.

Haut., 29 cent.; larg., 35 cent.

Cadre en bois sculpté.

## DELAFOSSE

(J. C.)

24 — *Montant d'ornement.*

Au milieu, la proue d'un vaisseau avec guerriers debout, entourée d'attributs de guerre.

A la plume et lavis d'encre de Chine.

Haut., 35 cent.; larg., 19 cent.

Cadre en bois sculpté.

## DESRAIS

(C. L.)

25 — *Les Amours d'été. (Opéra comique.)*

Suite de six dessins représentant les principales scènes de cette pièce.

A la plume et lavis de sépia.

Haut., 15 cent.; larg., 13 cent.

## DESRAIS

(C. L.)

26 — *Le Jugement de Midas. (Opéra comique.)*

Suite de six dessins de forme ovale, représentant les principales scènes de cette pièce.

A la plume et lavis de sépia.

Haut., 15 cent.; larg., 13 m.

## DROLLING

(MARTIN)

27 — *La Famille.*

La jeune mère est assise à droite, tenant un enfant sur ses genoux; un autre est debout devant elle. Dans le fond, auprès d'un paravent ouvert, le père est debout, tenant un troisième enfant dans ses bras.

A la plume et lavis de bistre. Signé.

Haut., 29 cent.; larg., 20 cent.

## ÉCOLE FRANÇAISE

(XVIIIe SIÈCLE.)

28 — *Chasse à courre dans un parc.*

Gouache.

Haut., 33 cent.; larg., 52 cent.

## EISEN

(CHARLES)

29 — *Le Cuvier.*

Composition de trois figures pour les contes de La Fontaine.

Au crayon noir et lavis d'encre de Chine.

Haut., 5 cent.; larg., 3 cent. 1/2.

## EISEN

(CHARLES)

30 — *Jeune enfant debout.*

A la plume et lavis de bistre, signé et daté 1767.

Haut., 11 cent.; larg., 9 cent.

## FRAGONARD

(HONORÉ)

31 — *Intérieur de parc en Italie.*

Sur le devant, vers la gauche, un groupe de personnages, avec escaliers dans le fond conduisant sur une terrasse. Au premier plan à droite, un temple à colonnes avec la statue de Vénus; a été gravé à l'eau forte par Saint-Non.

Aquarelle et gouache.

Haut., 22 cent.; larg., 28 cent.

Cadre en bois sculpté, avec fronton.

## GRAVELOT

(HUBERT)

32 — *Sagesse. — Religion. — Vérité. — Liberté.*

Quatre dessins, figures allégoriques de l'*Almanach iconologique*, par Gravelot et Cochin, dans un même cadre.

A la plume et lavis de sépia, rehaussé de blanc.

Haut., de chaque dessin, 10 cent.; larg., 5 cent. 1/2.

## HOIN

33 — *Nina.*

Première pensée de l'artiste de la composition bien connue, gravée par Janinet.

Au lavis d'aquarelle, signé.

Haut., 18 cent.; larg., 14 cent.

## HUBERT-ROBERT

34 — *Ruines d'un palais.*

A droite, une statue d'empereur romain assis sur un piédestal, et figures sur le devant, 1784.

Aquarelle.

Haut., 56 cent.; larg., 43 cent.

## HUET

(J.-B.)

35 — *L'Amour couronné par les Grâces.*

*Les Grâces essayant les flèches de l'Amour.*

Deux compositions de forme ovale, faisant pendants.

A la plume et lavis d'aquarelle, signées et datées 1785. Ont été gravées en couleur par Chaponnier.

Haut., 22 cent.; larg., 18 cent.

Cadres en bois sculpté, avec frontons formés de rubans avec glands.

## HUET

(J.-B.)

36 — *Le Petit fermier.*

*La Petite fermière.*

Deux charmants dessins faisant pendants.

A la plume et lavis d'aquarelle, signés et datés 1787. Ont été gravés en couleur.

Haut., 5 cent.; larg., 7 cent.

Cadres en bois sculpté.

## HUET

(J.-B.)

37 — *Portrait.*

Jeune femme en buste, dirigée à gauche, coiffée d'un chapeau à larges bords orné d'un ruban; les cheveux bouclés, tombant sur le dos et les épaules. A été gravé.

Aux crayons de couleur.

Haut., 23 cent., larg., 17 cent.

Cadre en bois sculpté.

## HUET

(J.-B.)

38 — *Le Chien savant.*

Jeune femme, debout dans la campagne, semble instruire un jeune chien qui se dresse devant elle.

Au crayon noir rehaussé de blanc, sur papier teinté; a été gravé.

Haut., 25 cent. larg., 17 cent.

## INGRES

39 — *Portrait de Baby.*

Petite fille en pied, assise dans un fauteuil d'enfant, les mains posées sur la tablette qui relie les accoudoirs.

Dessin à la mine de plomb.

Collection Albert Goupil.

Haut., 16 cent.; larg., 11 cent.

## JEAURAT

(ÉTIENNE)

40 — *Les Jeunes Artistes.*

Aquarelle.

Haut., 25 cent.; larg., 30 cent.

## LEMOINE

41 — *Jupiter sous la forme de Diane jouissant de la nymphe Calisto.*

*Vénus recevant l'Amour de la main de Grâces.*

Deux compositions en largeur faisant pendants.

A la plume et lavis d'encre de Chine et d'aquarelle : un est signé du monogramme et daté Roma 1764.

Haut., 23 cent.; larg., 37 cent.

Cadres en bois sculpté, avec frontons.

## LEPRINCE

42 — *Danse russe.*

A la plume et lavis de sépia et d'encre de Chine.

Haut., 30 cent.; larg., 23 cent.

## LEPRINCE

42 *bis.* — *Le Repos.*

Jeune fille assise au milieu d'un paysage. — Crayons et aquarelle.

Haut., 32 cent.; larg., 27 cent.

Cadre en bois sculpté.

## MALLET

43 — *Scène d'Interieur.*

Au milieu, une jeune mère debout tient un un petit enfant dans ses bras ; sur le premier plan, deux autres femmes tiennent un lange étendu sur un brasier; dans le fond à droite, une statue dans une niche. — Gouache.

Haut., 23 cent.; larg., 31 cent.

Cadre en bois sculpté.

## MEYER

44 — *Paysage.*

A droite, un buisson, à l'abri duquel se voit un groupe de sept paysans au repos, jouant à lamain chaude. — Gouache.

Haut., 15 cent.; larg., 20 cent.

## MONNET

(CHARLES)

45 — *La Promenade.*

Dans un parc, trois jeunes femmes et deux jeunes seigneurs parcourent les allées d'un jardin, se dirigeant à droite; à gauche, un jardinier range un grand vase.

Au crayon noir, rehaussé de blanc, sur papier teinté.

Haut., 27 cent.; larg., 39 cent.

Cadre en bois sculpté.

## MOREAU

(LOUIS)

46 — *Un coin de Parc.*

A droite, de grands arbres, et dans le fond à gauche, un temple circulaire à colonnes; deux figures sur le devant.

Gouache.

Haut., 24 cent.; larg., 19 cent.

Cadre en bois sculpté.

## NILSON

(ÉLIE)

47 — *Le Triomphe de l'Amour.*

Allégorie relative au mariage d'un prince.

A la plume et lavis d'aquarelle. A été gravé.

Haut., 21 cent.; larg., 16 cent.

## OZANNE

48 — *Vues et sièges de villes de France.*

Neuf dessins au lavis d'encre de Chine.

## OZANNE

49 — *Marines.*

Six dessins au lavis d'encre de Chine.

## PATEL

(PIERRE)

50 — *Palais en ruines au bord d'une rivière.*
*Entrée d'une ville avec rivière sur le devant.*

Deux compositions faisant pendants.

Gouaches.

Haut., 16 cent.; larg., 27 cent.

Cadres en bois sculpté.

## PATER

(J. B.)

51 — *Les Comédiens en vacance.*

Composition de onze figures représentant les personnages de la Comédie italienne se reposant dans la campagne; à gauche, un grand arbre et la statue d'un priape.

Au crayon noir.

Haut., 26 cent.; larg., 18 cent.

Cadre en bois sculpté.

## PRIEUR

52 — *Montant d'ornement.*

En bas, deux chimères supportant une fontaine ornée d'amours et de dauphins; au dessus, un médaillon, et vers le haut, un cartouche en blanc entouré de figures chimériques, d'amours et d'arabesques.

A la plume et lavis de sépia, sur fond bleu.

Haut., 32 cent.; larg., 9 cent. 1/2.

## RAMBERG

53 — *Les Cerises.*

Dans un intérieur, un financier et ses amis regardent avec sensualité une jeune paysanne entièrement nue qui ramasse des cerises répandues sur le tapis. Sujet tiré du conte de Dorat : *Les Cerises ou la Méprise.*

A la plume et lavis d'aquarelle. Signé.

Haut., 28 cent.; larg., 40 cent.

Cadre en bois sculpté.

## ROWLANDSON

(TH.)

54 — *Le Modèle.*

Intérieur d'atelier où sont douze artistes dessinant, d'après une femme nue, étendue sur une draperie.

A la plume et lavis d'aquarelle; au bas, à droite, est la signature de l'artiste précédé de ces mots : Given to my old friend smith.

Haut., 20 cent.; larg., 29 cent.

## ROWLANDSON

(TH.)

55 — *Les Trois amis.*

Trois hommes, dont deux coiffés de chapeaux tricornes, sont assis dans un intérieur qui semble être un cabaret.

A la plume et lavis d'encre de Chine et d'aquarelle.

Haut., 15 cent.; larg., 22 cent.

Cadre en bois sculpté.

## ROWLANDSON

(TH.)

56 — *La Laitière.*

Composition de cinq figures.

A la plume et lavis d'aquarelle.

Haut., 27 cent.; larg., 21 cent.

## ROWLANDSON

(TH.)

57 — *En mer.*

Sur un bateau, un passager grotesque regarde dans une longue vue pendant que sa fille, à ses côtés, se laisse embrasser par un jeune homme.

A la plume et lavis d'aquarelle ; a été gravé.

Haut., 27 cent. ; larg., 22 cent.

## RUBENS

(P. P.)

58 — *Les Pères de l'Église.*

Composition de dix figures.

Aux trois crayons et lavis d'encre de Chine.

Haut., 33 cent.; larg., 28 cent.

## SAINT-AUBIN

(AUG. DE)

59 — *Le Jardinier galant.*

Dans un parc, un jardinier roule une brouette dans laquelle est assise une jeune femme.

Au crayon noir.

Haut., 20 cent.; larg., 26 cent.

Cadre en bois sculpté.

## SAINT-AUBIN

(AUG. DE)

60 — *Étude.*

Deux têtes de femmes et buste d'un jeune seigneur, sur une même feuille.

Au crayon noir et mine de plomb.

Haut., 5 cent.; larg., 9 cent.

## SAINT-AUBIN

(G. DE)

61 — *Le Coin du feu.*

Jeune femme assise dans un fauteuil, devant une cheminée, tenant écran de la main gauche. Sur la cheminée le croquis d'un tableau de Noël Coypel, 1727.

Au crayon noir et lavis de bistre.

Cadre en bois sculpté.

## SAINT-AUBIN

(G. DE)

62 — *Une exécution dans les Indes.*

Vignette in-8 pour un livre du XVIII^e siècle.
Au crayon noir et mine de plomb. Signé.

Haut., 18 cent.; larg., 15 cent.

Cadre en bois sculpté.

## SAINT-AUBIN

(G. DE)

63 — *Vénus venant de recevoir la pomme du berger Pâris.*

Composition de forme ovale.
Au crayon noir et mine de plomb.

Haut., 13 cent.; larg., 8 cent.

## SAINT-QUENTIN

64 — *Bacchante couchée sur des draperies.*

Aux crayons de couleurs et pastel. Signé.

Haut., 19 cent.; larg., 15 cent.

Cadre en bois sculpté.

## SCHENAU

(E.)

65 — *Le Modèle des mères.*

Composition de dix figures.

A la plume et lavis d'aquarelle.

Haut., 27 cent.; larg., 44 cent.

Cadre en bois sculpté.

## SERGENT

(A. F.)

66 — *Entrée d'un parc.*

A la plume et lavis d'aquarelle, signé et daté 1779.

Haut., 19 cent.; larg., 16 cent.

## TARAVAL

67 — *Bacchante se préparant à un sacrifice.*

Aux crayons de couleur; a été gravé par Schultze.

Haut., 42 cent.; larg., 51 cent.
Cadre en bois sculpté, avec fronton.

## TIEPOLO

68 — *Le Triomphe de Vénus.*

Composition pour plafond. Aquarelle.

Haut., 36 cent.; larg., 28 cent.

Cadre en bois sculpté.

## TITIEN

(D'après)

69 — *Vénus couchée.*

Aquarelle.

Haut., 17 cent.; larg., 26 cent.

## TRINQUESSE

70 — *Vue du parc et château de Valençay.*

Sur le premier plan, au bord d'une pièce d'eau, quelques personnages dont une jeune fille dessinant; dans le fond, la vue du château.

A la plume et lavis d'aquarelle. Signé.

Haut., 31 cent.; larg., 45 cent.

## WILLE

(P. A.)

71 — *Portrait.*

Jeune fille en buste, dirigée à gauche, coiffée d'un grand bonnet.

A la sanguine, signé et daté.

Haut., 37 cent.; larg., 29 cent.

Cadre en bois sculpté.

# ESTAMPES

## BOUCHER

(D'après F.)

72 — *Jeune femme en buste, avec fleurs dans les cheveux.*

Gravé aux trois crayons par Demarteau.
Très belle épreuve.
Cadre en bois sculpté.

## DEBUCOURT

(P. L.)

73 — *Le Menuet de la mariée,* 1785.
*La Noce au château,* 1789.

Deux pièces en couleur faisant pendants.
Superbes épreuves.

## DEBUCOURT

(P. L.)

74 — *L'Escalade ou les Adieux du matin,* 1787.

*Heur et Malheur, ou la Cruche cassée,* 1787.

Deux pièces en couleur faisant pendants. Superbes épreuves.

## DEBUCOURT

(P. L.)

75 — *Les Bouquets ou la fête de la grand'-maman.*

*Les Compliments ou la matinée du jour de l'an.* 1788.

Deux pièces faisant pendant. Très belles épreuves en couleur.

## DEBUCOURT

(P. L.)

76 — *Annette et Lubin*, 1789.

Superbe épreuve en couleur. Avant toutes lettres.

## GILLRAY

(J.)

77 — *The Graces in a high Wind. A scene taken from nature, in Kensington Gardens.*

En couleur. Très belle épreuve. Rare.

## JANINET

(F.)

78 — *Nina, d'après Hoin.*

Portrait de Mme Dugazon, dans le rôle de Nina ou la Folle par amour.

Superbe épreuve.

## JANINET

(F.)

79 — *Marie-Antoinette d'Autriche, reine de France et de Navarre, 1777.*

In-folio en couleur.

Superbe épreuve, avec marge; le cadre, ornementé et rehaussé d'or, est découpé et posé sur la gravure; il a aussi une petite marge et est d'une grande fraîcheur. Cadre en bois sculpté avec fronton.

## JANINET

(F.)

80 — *Saint-Huberti (Mme), de l'Académie royale de musique.*

D'après Le Moine. En couleur.

Superbe épreuve avant la lettre et le numéro.

## LAVREINCE

(D'après N.)

81 — *Les Saisons.*

Suite de quatre pièces de forme ovale, publiées chez Vidal. En couleur (7, 24, 29 et 49). Dans un même cadre.

Superbes épreuves. Rares.

## LAVREINCE

(D'après N.)

82 — *L'Aveu difficile, par Janinet.*

Superbe épreuve, en couleur.

## LAVREINCE

(D'après N.)

83 — *La Balançoire mystérieuse, par Vidal, (E. B., 9.)*

Superbe et rare épreuve, avant la lettre et avant le flot.

## LAVREINCE

(D'après N.)

84 — *La Comparaison, par Janinet.* (*E. B.* 12.)

Très belle épreuve, en couleur.

## LAVREINCE

(D'après N.)

85 — *Le Déjeuner anglais.*
*La Leçon interrompue.*

Deux pièces faisant pendants. Gravées par Vidal (E. B., 17 et 35).

Très belles épreuves, en couleur.

## LAVREINCE

(D'après N.)

86 — *Le Déjeuner en tête à tête* (18).
*L'Ouvrière en dentelle* (45).

Deux pièces en couleur faisant pendants. Magnifiques épreuves, en couleur, avant toutes lettres. (La lettre est manuscrite.) Elles ont de la marge et sont de la plus grande franchise. Très rares de cette qualité. Cadres en bois sculpté.

## LAVREINCE

87 — *Ha ! le joli petit chien.*
*Le Petit Conseil.*

Deux pièces faisant pendants, gravées en couleur par Janinet. Superbes épreuves. Cadres en bois sculpté.

## LAVREINCE

(D'après N.)

88 — *L'Indiscrétion, par Janinet.*

Superbe épreuve, en couleur.

## LAWRENCE

(D'après Sir THOMAS)

89 — *Portrait d'une jeune dame représentée assise, et dirigée à droite.*

Gravé par S. Cousins.

Superbe épreuve avant la lettre, sur chine, avec dédicace du graveur.

## REYNOLDS

(D'après N.)

90 — *Stanhope (the honorable Mrs).*

Gravé par Car. Watson.

Superbe épreuve avant la lettre.

## SAINT-AUBIN

(D'après AUG. DE)

91 — *Le Bal paré. — Le Concert.*

Deux pièces faisant pendants, gravées par A.-J. Duclos. (E. B., 402 et 403.)

Très belles épreuves.

## TAUNAY

(D'après)

92 — *Foire de village. — Noce de village. — La Rixe. — Le Tambourin.*

Suite de quatre pièces faisant pendants, gravées en couleur par Descourtis.

Superbes épreuves.

Imp. D. Dumoulin et Cie, à Paris.

www.ingramcontent.com/pod-product-compliance
Ingram Content Group UK Ltd.
Pitfield, Milton Keynes, MK11 3LW, UK
UKHW020405220726
13923UKWH00004B/1750

9 782014 461510